Le premier pas

Maya Peters

© 2022, Maya Peters
Édition : BoD - Books on Demand, info@bod.fr
Impression : BoD - Books on Demand, In de Tarpen 42,
Norderstedt (Allemagne)
Impression à la demande

Couverture de Clémence.D
Illustré par Clémence.D et Maya Peters

ISBN : 978-2-3224-8284-9
Dépôt légal : juillet 2023

Le premier pas

Maya Peters

Mes réseaux sociaux :

Instagram : @thepangsofasoul

Snapchat : maya123.4

Facebook : Maya Peters

TikTok : @thepangsofasoul

Mail : petersmaya6@gmail.com

*"Est bavardage toute conversation
avec quelqu'un qui n'a pas souffert"*

-   Emil Cioran

J'écris l'universalité

pour rendre visible l'invisible.

Des phrases, comme ça, me sont venues. Elles sont arrivées à moi un peu partout. Mais désormais elles sont là, sur le papier, et elles existent.

Ce que vous allez trouver au sein de ce recueil n'est rien de plus que des fragments de ma vie, de ce qui me compose, de ce qui fait de moi, moi et rien d'autre.

Je n'ai pas la prétention d'avoir écrit ici ce qu'on appelle de "la grande littérature" (qui est une expression un peu vide) mais j'ai écrit ce qui me semblait juste sur le moment.

J'ai déposé mes peines et mes joies à vos pieds mais j'espère aussi avoir fabriqué un peu d'espoir, un espoir assez fort pour vous aider à vivre un peu mieux les jours sombres et à profiter un peu mieux des jours clairs.

J'aime sublimer la vie, j'aime vous avoir comme lecteurs, j'aime ce que l'écriture me permet de vivre, j'aime ma communauté.

Bref, ce recueil est à vous et pour vous.

Écrire l'universalité pour rendre visible l'invisible.

Si vous voulez me lire quotidiennement, n'hésitez pas à me rejoindre sur Instagram (@thepangsofasoul). Notre petite communauté s'agrandit de jour en jour et je ne trouve qu'une seule chose à vous dire : merci encore et toujours. Merci.

Sommaire

Deuil et souffrance

Deux heures du matin
"c'est fini",
elle ne reviendra pas, plus.
C'est trop tard pour les regrets.
Les yeux fixes,
un poids sur la poitrine,
des jambes que je ne sens plus,
elle est partie,
pour de bon
et elle ne
reviendra plus.

- *se sentir tomber*

Dans les couloirs
de l'hôpital je revois
le sourire des infirmières
quand je suis allée la voir
pour la dernière fois.
De cette nuit,
je me rappelle
la sensation des jambes
qui vacillent,
et les pleurs silencieux.
Je me rappelle aussi du froid,
de la peur,
de la douleur dans le regard
de mes proches,
de la première fois
que je vois toute ma famille pleurer.

A ce moment-là j'ai su
que plus rien ne serait comme avant.

Le ciel a ton visage
depuis que je ne le vois plus sur Terre.
Je n'ai, malgré tout, jamais cessé de t'aimer,
je te le promets.

Quand j'ai su que tu étais malade,
j'ai fui,
j'ai voulu faire comme si cela n'existait pas,
comme si des années n'allaient pas
nous être volées,
comme si ce mot imprononçable et tabou
de "cancer" n'allait pas devenir
ma raison principale de pleurer.

- déni

Je t'ai vue changer avec le temps,
on se ressemblait tellement avant…
Comment la maladie a-t-elle pu m'enlever
mon seul miroir fiable en ce monde ?

Le monde entier a pleuré pour toi
quand tu t'es éteinte un matin,
ton parfum était partout,
ce sept novembre ressemblait
à un long murmure de vingt-quatre heures
où les oiseaux chantaient ton nom,
le vent criait la femme que tu étais
et qui a disparu dans les méandres
d'un souvenir.

Dans le chaos et dans la peine,
il y a eu des éclats de rire,
de l'espoir,
de l'amour.
Depuis ce jour-là
j'ai compris que rien ne pouvait être détruit
au point de ne jamais pouvoir être reconstruit.
Si un sourire a pu survivre
face à la mort,
tout peut survivre face lol
à la peur, aux doutes, à la tristesse.

La mort a ce pouvoir étrange
de trier les relations,
de mettre en lumière ceux
qui t'aiment et qui feront bouclier
pour éviter que ta douleur ne t'emporte
dans des abysses sans issue,
qui penseront tes plaies
pour que tes cicatrices ne soient pas douloureuses,
mais de mettre également à jour
ceux qui ne sont à tes côtés que de manière passagère.

Ces personnes-là auront comme priorité absolue
de continuer leur vie comme si de rien n'était,
de ne surtout rien changer à leurs plans de départ
et surtout de s'occuper de ce qui ne les regarde pas.

J'ai le souvenir douloureux qu'une ancienne amie
a un jour osé m'envoyer un sms
pour me dire qu'elle était au cimetière,
devant la tombe de ma mère,
pour qu'elle ne soit pas seule.

J'ai entendu dans ce message :
"comme tu n'es pas là, moi j'y suis".

J'ai longtemps continué
à essayer de t'appeler après ta mort
pour entendre ta voix sur le répondeur
jusqu'à ce qu'une voix métallique me réponde un jour
"ce numéro n'est plus attribué".

- *mon coeur s'est à nouveau brisé*

Préparer ton enterrement
a été un soulagement pour moi
parce que je préparais mon au revoir
et je voulais faire quelque chose qui te ressemblait,
quelque chose d'assez fort
pour ressembler à la femme que tu étais,
pour que ton image ne s'évapore pas complètement
dans la mémoire des gens
et pour moins pleurer quand à l'avenir
je repenserai à ce souvenir.

Et je crois que j'ai réussi.

Quand je repense à ce jour,
ce n'est pas la douleur qui me broie le coeur,
mais c'est une vague d'amour qui me permet de respirer
un peu mieux
qui mc vient à l'esprit.
Ce n'est pas des larmes de peine qui coulent
sur mes joues
mais de joie d'être si bien entourée par des personnes
aussi merveilleuses.

Des fois je culpabilise
de ne pas me souvenir
qu'aujourd'hui nous sommes le sept
et que ça fait un, deux ou trois mois
que tu es partie de cette Terre.

Puis je me souviens
que ton souvenir n'a jamais quitté mon esprit,
que tu es chaque jour avec moi,
que tu guides chacune de mes décisions,
que le monde entier te ressemble,
que ma force de vivre vient uniquement
de ce que tu m'as laissé en étant ma maman.

Alors je suis heureuse d'oublier cette date,
car ton souvenir ne disparaît jamais
et les jours sont moins amers.

Quand je suis retournée
dans notre ancien appartement,
celui où nous avons vécu tous les quatre
pendant longtemps,
j'ai cru voir encore ton ombre dans le salon,
mais je n'ai trouvé en réalité que tes carnets d'écriture
et j'ai compris d'où me venait ma passion pour la poésie.
Je n'ai trouvé que tes vêtements, tes parfums
et tes bijoux
que je porte depuis chaque jour.

Reste de toi ce collier que j'ai autour du cou.

Il m'arrive encore d'avoir mal en pensant à toi
mais je te promets que je me bats
pour être chaque jour à la hauteur
et pour que tu puisses être fière de moi.

Depuis que la maladie t'a arrachée à moi,
je me suis juré qu'une maladie
ne m'enlèvera jamais des instants de vie.

-   *ne jamais la laisser gagner*

Les musiques que tu aimais
retentissent encore dans mon appartement,
parce que chaque note
me rappelle un peu ta voix,
chaque mélodie
me rappelle un peu ton rire.

J'avais peur

que ton odeur,
que ton visage,
que ton rire
s'effacent de ma mémoire.

C'est douloureux
que certains morceaux
de ce que tu étais disparaissent avec le temps,
alors je regarde les photos et les vidéos
qui me restent pour entraîner ma mémoire
à me souvenir de chaque parcelle de ton âme.

Le cancer n'a pas gagné,
car c'est de ton rire dont je me souviens.

Je ne réalise pas encore
que quand je viens te voir
je parle à du marbre.

On dit que le deuil
a plusieurs étapes :

- le déni
- la colère
- le marchandage
- la dépression
- l'acceptation

et je me suis dit
que je n'étais pas comme tout le monde
car je n'ai rien ressenti pendant longtemps,
j'ai su tout de suite qu'elle ne reviendrait pas,
je n'ai ressenti ni colère, ni tristesse,
je n'ai pas cherché à trouver une raison à sa mort,
je me suis juste dit que c'était ainsi
et qu'elle était mieux là où elle était maintenant,
et qu'elle serait toujours à mes côtés d'une certaine
manière.

A sa mort, j'ai ressenti plus de peine
pour mes proches qui avaient
perdu une fille, une femme, une nièce
que pour moi qui avais perdu une mère.

- *syndrome du sauveur*

Face à la perte, à l'absence, à la mort,
l'humour a été mon arme
face aux pleurs, aux angoisses.

Durant les jours qui ont suivi sa mort,
j'ai reçu plus d'amour qu'une personne peut recevoir :
mon ancien établissement scolaire m'a soutenue,
de même que mon nouvel établissement
dont je ne connaissais
encore rien et qui a pris le temps
de venir à son enterrement,
de m'acheter et de lui acheter des fleurs.
Je me souviens des mails
et des sms de soutien que j'ai reçu,
je me souviens des
"tu pourras toujours compter sur moi"
qui ont été vrais et faux à la fois.
Je me souviens que paradoxalement
c'est aussi le moment
où j'ai le plus écouté les autres
me raconter leurs problèmes,
mais ça me faisait du bien aussi car je pouvais oublier
l'orage de ma tête quelques instants.

Cela m'a fait du bien
quand quelqu'un m'a demandé
réellement comment j'allais,
quand quelqu'un s'est assuré que
je ne souffrais pas trop,
que j'arrivais à affronter la situation.
Cela m'a fait du bien,
car ça a ravivé un peu mes émotions
perdues depuis un an.

Quand nous sommes en deuil,
nous subissons beaucoup,
en premier nos émotions,
mais nous subissons surtout
la maladresse des gens.
J'ai encore en tête les
"ce n'est pas ce qu'elle aurait voulu",
"elle aurait été fière de toi",
"tu n'as pas le droit d'abandonner".

Nous n'acceptons jamais la mort,
avec le temps nous ne tolérons
que l'absence.

En fait, le deuil est une prison
dont il est urgent de sortir,
où il est interdit de se sentir bien.
Face au deuil il est urgent de ne pas
rester seul, de se relever et de vivre à nouveau.

Toujours la même question
qui revient en boucle dans ma tête :
es-tu heureuse là-haut ?

Ai-je été la fille qu'elle aurait aimé avoir ?
Je ne le saurais jamais,
mais elle a eu le temps de me dire
qu'elle était fière de moi,
depuis j'espère ne jamais la décevoir.

J'ai peur de vivre sans toi
car quelquefois je me rends compte
que tu n'es pas seulement partie en voyage,
tu es partie pour toujours
et jamais je ne reverrai ton visage.

- *ne plus pouvoir te serrer dans mes bras*

Tu as écrit des mots
qui soignent maman,
du genre :
"et puisque le monde est fou
créons-en un à notre image
un vrai qui n'appartient qu'à nous
loin des méandres et des mirages".
Merci de m'avoir fait naître poète
pour que je guérisse à mon tour les âmes.

Se relever

Je crois
que je me suis effacée
trop longtemps.
Je reviens alors
armes à la main
pour enfin défier cette vie
et espérer la vivre,
pour de bon.

Oui
c'est bon,
les lumières de mon âme
se sont rallumées,
et ça fait un bien fou
de rêver à nouveau,
d'aimer à nouveau,
de rire à nouveau,
de vivre tout simplement.

Ce matin,
quand je suis me réveillée dans mon lit,
j'ai ouvert les yeux et j'ai souri.
Je ne me sentais ni angoissée, ni triste
et encore moins déprimée.
J'étais juste heureuse d'avoir la chance
de vivre un jour nouveau,
d'être en vie pour encore quelques jours de plus,
de mériter cette chance.
Cela faisait des mois que je n'avais pas
souri à mon réveil,
parce que ouvrir les yeux voulait dire
sortir du rêve et affronter une journée
et de cela, je n'en avais pas la force.
J'avais abandonné depuis longtemps
l'idée d'être heureuse et de m'aimer,
les rechutes avaient été trop dures,
je ne voulais plus me battre.
Mais il s'avère que malgré tout,
ce matin, je me suis réveillée en souriant
et j'ai savouré le bonheur d'être juste heureuse,
de ne pas vouloir plus, de laisser du temps aux gens,
de ne pas les idéaliser et surtout
de prendre conscience que je méritais
d'être juste assez, pas plus, pas moins,
juste comme il faut,
comme je devais être,
comme je suis.

Je me donne du temps.

J'arrête d'avoir peur des sabliers,
j'accepte que tout n'arrive pas tout de suite,
que je ne vais, des fois, pas au même rythme
que ceux qui m'entourent.

J'avais toujours ce sentiment d'urgence,
de tout faire tout de suite, de ne pas perdre de temps,
même quand je n'avais pas encore les réponses.

J'arrête de vouloir grandir trop vite,
de vouloir me découvrir tout de suite
au risque de me perdre,
d'en avoir l'impression et de détester cela.

Je décide de me laisser du temps,
de découvrir le monde à mon rythme,
d'aimer les gens qui m'entourent
et de profiter de chaque seconde,
de me perdre quelquefois
et de prendre le temps de me retrouver
pour m'aimer encore davantage.

J'ai croisé un miroir
et j'ai souri à mon reflet.

-   *une petite victoire*

Face au miroir, seule,
j'ai décidé de ne pas me maquiller.
De ne pas cacher mes lèvres sous du rouge,
de ne pas cacher mes yeux sous du fard,
de ne pas *me* cacher.

    -   *il est temps d'assumer ce qu'on est*

Maintenant je lis
parce que j'en ai envie,
parce que j'aime les mots sur le papier,
parce que j'aime les leçons qui y sont enseignées,
parce que j'aime l'odeur des pages tournées,
parce que lire me sauve.

Mais il fut un temps où je lisais
pour échapper au monde qui m'entourait.
Ce monde n'a pas changé mais j'ai décidé
de l'accepter.

-   *un monde fait uniquement
    de papier brûle toujours*

Je respire mieux
depuis que je n'ai plus peur
de décevoir les gens qui m'entourent,
depuis que je n'ai plus l'impression
de ne jamais être à ma place,
depuis que je ne pense plus que mon talent
résulte juste du hasard.
Je respire mieux depuis
que j'ai compris que c'est par ma force
que j'obtiens de belles opportunités.
Tu n'as que ce que tu veux bien obtenir
et tu le mérites.

-   *le syndrome de l'imposteur*

C'est beau de voir un soleil se lever
et ne pas vouloir qu'il se couche.

Je n'ai pas besoin
d'exister dans ton regard
pour me sentir vivante.

- *je me suis relevée toute seule*

Depuis qu'elle est partie,
j'ai dû réapprendre à marcher
parce que j'ai pris conscience
qu'elle m'avait donné la vie
au moment où la sienne lui a été retirée.
Je pensais, moi aussi, m'éteindre
à ce moment-là mais l'amour de mes
proches a été plus fort que la mort.
Le bonheur se construit dans le désastre
et je me suis accrochée à cela pour réparer
mon coeur brisé par une absence
tellement forte qu'elle devenait présence.

- *voir le yeux de sa mère se fermer (pour toujours)
  n'est jamais facile*

Tu n'es pas une note.
Tu n'es pas un devoir.
Tu n'es pas une dissertation.
Tu n'es pas un échec.
Tu n'es pas juste une réorientation.
Les profs peuvent se tromper,
les conseillers d'orientation aussi.
Tu mérites de suivre ta voie.
Un cursus scolaire ne doit
pas devenir une raison de tomber malade.

- *fais ce qu'il te plaît*

Elle m'a rongée,
elle m'a fait tomber,
elle m'a fait croire
que je ne valais rien,
que je me résumais à des calories
et à des heures de sport
pour courir jusqu'à crier de douleur.
J'aurais voulu hurler
mais j'étais déjà étouffée.
Je ne vais jamais lui pardonner,
mais elle m'a permis de devenir forte,
d'affronter les tempêtes et surtout
d'aimer sincèrement mon corps
que j'ai cru perdre il y a quatre ans.

Ayant vécu une année
avec l'anorexie,
j'ai compris à quel point
s'aimer était primordial.
Trente kilos en moins
mais une peine beaucoup
plus lourde m'attendait :
celle un matin de ne jamais me réveiller.

J'ai dit stop.
J'ai dit oui à la vie (et aux pizzas).

Je t'ai envoyé un message,
tu l'as vu et tu n'y as pas répondu.
Et pour la première fois au lieu
de me demander ce que j'ai fait de mal,
au lieu d'être sûre que tu n'allais plus
jamais me répondre,
j'ai juste accepté que tu étais sûrement occupé(e),
que tu travaillais ou que tu prenais du temps pour toi.
L'angoisse est vite partie.
La patience a des vertus,
elle permet de ne pas tout gâcher
et de ne pas insister
alors que tu allais me répondre
quelques heures après.

- *peur de l'abandon*

Des fois je n'avais pas envie de sortir
et je cherchais à me justifier
à trouver une raison de vouloir
me retrouver un peu seule.
Puis j'ai compris que vouloir
m'éloigner du monde ne
voulait pas dire être "impolie" ou "aigrie".
Cela voulait juste dire
que j'avais été forte assez longtemps
et que je méritais un peu de repos,
juste quelques heures avec moi-même pour faire le point.
Vouloir être avec soi-même
ne veut pas dire détester le monde,
bien au contraire.

J'ai longtemps eu le coeur brisé,
et je crois bien qu'il l'est toujours.
Alors comme j'ai tout essayé pour le réparer :
médicaments, thérapies, larmes,
privations, colère…
Je me suis dit : *"pourquoi ne pas essayer le soleil ?"*.

Ne sois jaloux ou jalouse
de personne.
Tu as le talent de
devenir tellement
de belles versions de toi-même.
Vis d'abord ta vie avant de
vouloir être quelqu'un d'autre.
J'ai voulu essayer de me changer
et je me suis noyée dans
un océan de doutes et de peurs.

-   *sois toi-même, rien de plus*

J'ai hurlé ma peine
mais personne n'a entendu.
Alors j'ai décidé de m'écouter
et par la même occasion de me sauver.

Si tu n'as pas réussi à guérir ici
alors ta guérison est ailleurs.

Là où j'ai compris
qu'il y avait un problème
c'est quand tu n'as pas répondu
à mon message et qu'au lieu
de penser *"elle doit dormir"*,
j'ai pensé *"il lui est arrivé quelque chose"*.

- *il est grand temps de retrouver une sécurité*

Je pensais qu'il fallait
que je trouve ce que je voulais
mais j'ai compris qu'il fallait
dans un premier temps que je comprenne
ce que je ne voulais pas :

- me sentir inutile
- me sentir utilisée
- pleurer dès le matin
- perdre des gens que j'aime
- ne pas m'épanouir dans mon métier
- me rendre malade pour quelque chose qui n'en vaut pas la peine
- dépenser de l'énergie pour des gens qui ne m'aime pas
- avoir peur
- ne pas rêver chaque jour
- revivre mes traumatismes chaque nuit
- nier ce que je suis
- ne pas me sentir légitime
- laisser le monde m'abîmer

Je sais que parfois,
souvent,
tu ne te sens pas à ta place,
tu penses ne pas mériter
tout l'amour que les gens te portent.
Je sais que tu penses ne pas être à la hauteur,
que tu es un poids.
Mais c'est faux.
Tu es une personne précieuse,
tu as bravé des tempêtes,
tu as gagné des combats,
tu en gagneras encore.
Et tomber ne te rends pas
moins légitime d'exister.
Je sais à quel point il est difficile
de se sentir légitime.
Je ne te demande pas de réussir
à t'aimer tout de suite
mais de commencer à essayer.

- *ta naissance n'est pas une erreur*

En vrai,
on fait tous semblant.
De s'aimer,
de se soutenir,
d'avoir de la compassion,
de se reconnaître.
Mais ce n'est pas grave,
une fois qu'on a compris
le stratagème on souffre moins.

- *hypocrisie et abandon*

Si seulement tu m'avais appelée,
tu aurais su à quel point
j'étais au plus bas,
à quel point je ne respirais pas,
à quel point je regrettais mes jours,
à quel point je me sentais en dehors du temps
depuis un an.
Mais tu ne l'as pas fait
et au fond ce n'est pas grave,
un jour tu reviendras,
et j'espère que ça ne sera pas trop tard
parce que le temps fait oublier les choses
et l'amitié en fait malheureusement partie.

Juste comme ça,
pour rien,
parce que rien
ne pouvait me faire
penser à cela,
j'ai cru que tu étais parti(e)
de ma vie,
que tu avais fait
le choix de m'abandonner.
Et c'est là que j'ai compris
à quel point je n'avais aucune
confiance en moi.

Cette révélation m'a fait l'effet
d'un éclair dans le cœur.

- *prends confiance,*
  ceux qui t'aiment ne vont pas partir

J'avais peur de n'être
rien pour toi,
de n'être qu'un jeu de plus
ou d'être trop encombrante
dans ta vie.
J'avais peur de ne pas être
à la hauteur,
de ne pas être assez bien
en comparaison de toi,
de ton élégance,
de ton intelligence.
Pourtant,
le pire,
c'est que j'avais conscience
qu'en ta présence
je me sentais invincible,
spéciale et magnifique.
Et cela c'était magique.
Je voulais faire taire mes pensées
et me raccrocher à cela (pour vivre).

- *merci de me faire sentir vivante*

J'ai toujours eu peur
de déranger en société.
De dire un mot de travers,
de ne jamais avoir le comportement approprié,
de ne pas être comme ils voudraient que je sois.

J'ai trop souffert
de cette situation.
Comme la normalité n'existe pas,
je n'ai plus à faire semblant
d'être normale.

Je serai désormais
seulement moi.

Quelque chose qui peut
me faire sourire,
c'est bien la nuit qui tombe.
Parce que dans l'obscurité
je revois nos conversations
interminables tard le soir,
quand plus rien ne nous retient
de dire ce que l'on pense.
C'est toujours la nuit
que je comprends le plus de choses.
La nuit je ne rêve pas,
je vis.

- *sorcière*

Le jour où je n'ai pas eu
de tes nouvelles j'avoue
que j'ai eu peur,
que j'avais le coeur serré,
le souffle coupé.
L'angoisse de ne pas savoir
ce que tu faisais était terrible.
Je pensais que j'avais fait
quelque chose de travers,
comme d'habitude,
et en fait tu pensais la même chose de ton côté,
essayant toi aussi de survivre dans cette vie.

Il fut un temps
où je ne savais
plus où il fallait
que j'aille,
je m'étais perdue
tellement de fois,
j'avais eu peur,
froid,
mal,
et rien n'avait de sens.
Mais sur ma route,
est tombée une plume
et depuis ce jour-là
je me suis envolée
avec les oiseaux
et j'ai gravé sur leurs plumes
chacun de mes maux.

Ecrire pour guérir

Je suis capable d'écrire
dans toutes les langues :

- celle des adultes
- mais aussi des adolescents
- celle des écorchés
- celle des malades
- celle de la dépression
- celle de l'anorexie
- celle de l'espoir
- celle de la joie
- celle du doute

et la liste est encore longue.

- *avoir l'impression d'avoir vécu plusieurs vies*

Si tu n'arrives pas
à me dire ce qui ne va pas
tu peux me l'écrire.
Une plume fait moins mal
qu'un *"il faut qu'on parle"*.

Ils m'ont dit que ce que j'écrivais
était trop triste.
Alors je leur ai répondu qu'écrire
était ma thérapie,
que s'ils ne voulaient pas lire
mes tripes ils en avaient le droit
mais qu'ils ne pouvaient pas me nier
comme ça.

- *je suis légitime*

Au lieu d'écrire
ce qui ferait plaisir aux autres,
j'écris ce qui me fait du bien à moi
et à ceux qui ont déjà vécu
mes tourments.

- *écrire c'est d'abord faire communauté*

Si avec mes mots
tu te sens déjà moins seul
alors j'ai fait ma part du boulot,
à toi de faire la tienne en ne restant plus
sur le seuil de ta vie.

-   *il y a une porte d'entrée*

Ecrire la dépression
c'est comme
écrire une noyade,
un moment où on manque d'air,
où le monde se referme sur nous.
On crie mais nos poumons
se remplissent d'eau,
on crie mais notre esprit
pense à nouveau aux traumatismes.

- *on peut remonter à la surface,
  le monde nous attend*

Me lire correspond au fait
de regarder à l'intérieur de mon corps,
de regarder chaque petit frisson de vie,
d'observer chaque fissure,
de voir les plaies saigner
et les cicatrices qui me font encore mal quelquefois,
c'est me disséquer.
Ecrire, c'est à la fois l'acte le plus intime,
mais aussi le plus public.
Je préfère tout vous donner de moi
avant que quelqu'un me prenne tout.
Je préfère tout pleurer sur le papier
avant de tout pleurer dans le noir, seule.
Je préfère tout rire sur le papier
avant que le bonheur m'échappe encore une fois.
Je préfère tout vivre sur le papier
que de regretter, après coup, de ne pas avoir assez vécu.

L'écriture est mon oxygène,
vous en êtes le principe actif.

Quand je suis angoissée,
je t'écris des poèmes.
Parce que ça m'enlève un poids
dans le coeur de savoir que
le souvenir de ce que tu es pour moi,
de l'amour que je te porte va rester quelque part.
Je chuchote ton nom entre les lignes.
Je n'arrive pas à te dire à quel point je t'aime
mais j'arrive à le dire au monde entier
sur un bout de papier.

- *le paradoxe du poète (contemporain)*

Comme il y avait des jours
où je ne parvenais pas
à me regarder dans un miroir
ni même dans le reflet
de la vitre d'un café,
j'ai dessiné les courbes
de ce corps que je détestais
à coups de vers, de rime et de prose.
Et depuis ce jour,
j'ai accepté que je suis une femme
et plus une petite fille,
que le désir brûle en moi,
le désir de découvrir
ce que je suis et le monde,
que ces formes que j'essayais de cacher
et que j'ai même tenté d'effacer
était en fait ma plus grande force.

- *je suis femme et j'en suis fière*

Parce que je n'arrivais
plus à parler,
que l'angoisse
me brûlait la voix,
je t'ai dit
toutes mes failles à l'écrit,
j'ai essayé de t'expliquer
pourquoi je me sentais mal à l'aise
dans le monde,
j'ai essayé de te dire
à quel point je souffrais,
à quel point tu n'avais rien vu
et à quel point, moi au contraire,
j'avais tout vu, trop vu.

Si un jour parler
devient trop compliqué,
l'aveu poétique
est une alternative.
N'oublie pas,
la bienséance orale
ne vaut pas à l'écrit,
c'est cela qui en fait
une activité magique.

-     *c'est pour ça que je suis poète*

Si tu me demandes
"montre-moi ce que tu écris"
c'est comme si tu me disais
"dis-moi qui tu es".
Pose-moi la question,
ose te confronter à ce que je suis.
Je sais que cela semble prétentieux
de se dire que quelqu'un voudrait
savoir qui je suis.
Pourtant si tu me lis
c'est que la question
t'a déjà effleuré l'esprit.

Quand même les sourires
me faisaient peur,
quand la joie
amplifiait mon malheur
parce que j'avais l'impression
de passer à côté de ma vie,
j'ai commencé à guérir
grâce à la poésie.
Mon premier vrai sourire
a été un poème,
et depuis ce jour j'espère
que mon dernier sourire
sera aussi un poème.

- *merci à l'art de m'avoir rendu*
  mon étincelle de vie

Le monde de l'écriture
est rempli d'hypocrisies
et de jalousies,
de comparaisons
avec les autres,
surtout sur les réseaux.
Dans ce monde
où tout va vite
nous avons oublié
la richesse d'un écrit,
nous avons oublié
que chacun va à son rythme
et que le nombre d'abonnés
n'est pas proportionnel
au talent.

J'ai écrit parce que
personne ne me croyait capable,
capable de vivre sans tourments,
capable d'aimer le monde,
capable d'apprécier
une grande question sur la vie.
J'ai écrit parce que
personne ne voyait ma richesse intérieure,
personne ne m'avait jamais dit
que j'étais faite
pour beaucoup de choses
en ce monde.
J'avais toujours vécu
avec l'idée que j'étais toujours
moins que les autres,
moins cultivée,
moins forte,
moins résistante,
moins faite pour vivre.
Mais entre ce que je suis
et l'idée que les gens s'étaient faite de moi
la marge était grande, immense.
Face à mon clavier
j'étais moi-même,
dans toute ma force et ma splendeur,
dans toute mon envie de vivre
et dans tout ce que je suis de merveilleux.

Vous tenez mon âme
entre vos mains,
dans tout ce qu'elle a de plus pur,
parce que j'ai décidé de ne plus jamais
cacher qui je suis.

J'ai écrit pour toi
en ne donnant jamais
ton prénom.
J'ai écrit des centaines
de phrases inutiles
pour essayer de comprendre
ce que je ressentais pour toi.
Tout était si clair sur le papier
et tellement compliqué
dans la réalité.
Le sentiment est
au-delà de l'amour.
Je t'aime tellement
que je te hais.
Je sais que tu seras
la seule personne
pour qui je ressentirai
un amour si fort,
si puissant.
Je t'aime autant que je te déteste,
il est là le paradoxe dans ma tête.

Etre écrivain,
poète ou artiste
ne veut pas dire
souffrir au point de ne plus vivre.
Cela veut dire qu'à un moment
la douleur était tellement grande,
l'ennui de vivre tellement infini,
les blessures tellement profondes,
que le besoin de sublime
a remplacé la peur.

-   *on peut être artiste et heureux*

J'ai lutté
longtemps toute seule avant de trouver
une compagne ou un compagnon
de vie fiable.
Et en fait,
j'en ai trouvé plusieurs :

- la poésie
- ma communauté
- tenir mes livres entre mes mains
- envoyer un manuscrit
- terminer l'écriture d'un recueil ou d'un roman
- avoir l'espoir un jour de vivre de mon écriture
- écrire tard dans la nuit à la lueur d'une bougie
- l'inspiration
- écrire dans un café
- voir mes proches ou un inconnu sourire
  en me lisant
- la fierté dans les yeux des gens que j'aime
- laisser une trace indélébile dans le monde de ce
  que j'étais, de ce que je suis et de ce que je serai.

- *polygamie*

Ecrire,
c'est veiller indirectement
sur le monde entier.
Car de mes bras de poète,
je pourrai sûrement consoler
quelqu'un qui se retrouvera
dans un mot,
une phrase,
un vers de mon art.

-   *j'écris l'universalité*

Je ne veux plus voir
cette opposition entre
édition classique et
auto édition.
La bienveillance dans
le monde de l'écriture
est tout ce qui manque
pour le rendre parfait.
Prendre la décision
d'éditer mon livre
est la plus belle
déclaration d'amour
que je pouvais me faire.

- *nous sommes tous des auteurs*

Il y a des jours où
je suis mieux dans
mon monde de papier
qu'avec les gens.

En écrivant
je me prouve tous les jours
à quel point je m'aime.
Parce qu'en écrivant
j'assume devant le monde entier
toutes les étapes de ma vie.
J'étale en public ce qui
me rend heureuse,
mais aussi triste,
ce qui est indispensable à ma survie
et ce qui ne l'est pas.
En écrivant je me dévoile
et je vous donne mon âme
parce que ce que je suis
ne me fait plus peur.

- *la plus belle des victoires*

Quand il fait nuit
dans ma vie,
il ne me reste plus
qu'à écrire les étoiles.
Si une accalmie vient
dans la météo de mon coeur,
j'écrirai l'orage.

- *météorologue des émotions*

Ecrire jusqu'à en avoir
mal au poignet mais
un peu moins mal à l'âme.

-    *de l'encre sur mes blessures*

Je relis souvent mes poèmes
écrits quelques secondes
ou quelques jours plus tôt,
juste pour voir l'évolution
de mes émotions,
de mes sentiments.

- *journal intime*

Le fait d'écrire fait mal,
c'est comme un coup
de poignard dans l'âme.
Mais écrire,
c'est aussi la promesse
d'une délivrance certaine,
d'un moment hors du temps où
je peux reprendre une inspiration
avant de replonger dans le flot
infernal de ma vie.

Si seulement je pouvais
réécrire ta vie,
te laisser plus de temps,
je te promets que je l'aurais fait.
Mais je n'ai que le pouvoir
de faire sourire les âmes,
de les soulager,
de les guérir,
mais pas de les ressusciter.

- *je ne suis qu'humaine*

J'ai rempli le vide
que tu avais laissé derrière toi
par de l'encre.

Si tu m'aimes,
si tu me blesses,
si tu m'oublies,
me rends heureuse ou triste,
j'en ferai un poème.

Quand vous tenez
un de mes livres
entre vos mains,
prenez-en grand soin,
vous possédez une part de ce que je suis.

Je ne tremperai plus ma plume
dans le sang de mes blessures,
je la tremperai dans l'espoir
du tableau de mon avenir.

-   *peintre de mon destin*

La force de l'amour

Si l'issue est la même
pour tout le monde,
je veux passer le temps
qu'il me reste avec nous,
avec la bulle d'amour
que nous avons créée,
avec toute la douceur
que tu m'offres si bien.
Je veux passer le temps
qu'il me reste à la lueur
d'une bougie dans tes bras
bercée par ton parfum.

Merci de m'avoir confié
ce que tu es.
Merci de me faire rêver
par tes songes,
sourire par tes baisers,
aimer par ton amour.
Merci de raviver
les souvenirs de ma vie
à travers les tiens,
merci de me faire oublier
mes propres souffrances
en pansant les tiennes.

- *je resterai à tes côtés tant que tu le voudras bien*

Je veux oublier
que l'amour m'a blessée,
que je n'ai ressenti que l'indifférence
et la lassitude,
que je n'ai ressenti que l'euphorie
d'être seule un instant
pendant que d'autres rêvaient
de partir loin de tout à deux.

"Etre amoureuse",
je n'ai jamais su
ce que cela signifiait.
Mais j'ai su ce qu'était
aimer jusqu'à me rendre malade,
aimer jusqu'à haïr,
aimer jusqu'à en oublier qui je suis,
aimer jusqu'à vouloir blesser.
Je n'ai jamais su ce que
voulait dire "être amoureuse",
mais j'ai su ce que voulait dire
"être passionnée".

- Je voudrais m'oublier dans tes bras.

- Même oublier qui tu es ?

- Oui. Je veux oublier mon adresse,
  mes passions, mes amours, mes joies et mes
  peines.
  Je veux oublier qui je suis dans les effluves de
  ton parfum.

- Je suis devant chez toi.

Si je dois fermer les yeux demain,
je voudrais voir une dernière fois tes yeux,
ton sourire et même tes grains de beauté.
Si je dois m'éteindre demain,
je voudrais entendre une dernière fois ton rire,
tes pleurs et même ta colère.
Si je dois disparaître demain,
je veux revivre nos précieux moments,
je veux vivre encore quelques instants à tes côtés.

-   *je t'aime, il n'y a rien de plus à ajouter*

J'ai peur de te perdre parce que grâce à toi j'ai su ce que voulait dire aimer.

Il y a des soirs comme ça, où j'angoisse, où j'ai l'impression que je ne te reverrai jamais, que les instants que j'ai passé avec toi aujourd'hui sont les derniers à tes côtés. C'est fou. C'est fou ce qui m'arrive, tu hantes mes jours et mes nuits. Toutes les rues sentent maintenant ton subtil parfum, à chacun de mes pas je crois voir ton visage. C'est fou. C'est dingue d'aimer quelqu'un à ce point. Tu n'as rien demandé, je n'ai rien demandé et pourtant à chaque fois que nous devons nous voir j'achète une nouvelle robe, me farde un peu les joues, me peins un peu les lèvres en espérant qu'à la fin de la soirée les tiennes prennent un peu la couleur des miennes. Mais les soirs où j'angoisse à ce point, je ne t'aime plus, je te hais. La haine est si près de l'amour que ça en devient terrifiant. Je me suis rendue malade tellement de fois les jours où tu ne me répondais pas et mon coeur manquait de s'arrêter de battre quand je savais que le soir j'allais être dans tes bras, dans ton regard. C'est avec toi que j'ai compris qu'un "je t'aime" peut prendre diverses formes : un cadeau, un baiser, un sourire et même un "à bientôt", un "tu es belle et précieuse". J'aurais encore tant de choses à te dire, à t'écrire. Je me contenterai d'un "merci". Une rose est devant ta porte, ce mot est dans tes mains.

- *je t'aime*

Je veux continuer à t'aimer
parce que c'est à cela
que je me raccroche
dans les heures sombres et fades.
Ce qui m'aide à vivre un peu mieux
c'est de repenser à nos souvenirs,
de revoir nos photos,
de m'imaginer ce que tu fais
en cet instant,
de te détester quand
je n'existe pas à tes yeux,
quand tu me mets à l'écart,
d'attendre le prochain message
en me demandant quel livre je lirai
ou quelle musique j'écouterai
quand je le recevrai,
puis de t'aimer plus que de raison.

- *je veux continuer à t'aimer*

Je crois que je t'aime

et que c'est plus fort que moi.
Je crois que je t'aime
et que je ne peux plus me passer de toi.
Je crois que je t'aime
et que cela grandit dans mon coeur,
en moi.

Laisse encore ton corps
s'abandonner dans mes bras,
j'aime sentir ton coeur
battre contre ma peau.
J'aime sentir tes lèvres
dans mon cou,
j'aime sentir
la douceur de tes doigts
sur mon visage
encore plein de larmes.

- *tu me guéris*

J'ai l'impression
que je ne pourrais jamais vraiment
m'attacher à quelqu'un
parce que je veux toujours plus
et les vies que mes amours
ont vécues avant et sans moi
me terrifient,
j'ai peur qu'elles ressemblent trop
à la vie que je voudrais aujourd'hui.

J'ai peur de ne pas être assez bien
pour qu'on m'aime
dans une relation amoureuse.
Comment pourrait-on m'aimer
et me choisir pour la vie
si je ne me choisis pas moi-même ?

   -   *pour être aimée, il faut s'aimer*

Je rêve d'arriver chez toi
et de te voir avec un verre de vin
sur ton balcon.
Je ne sais pas vraiment pourquoi
mais cette image me plaît
et je t'en aime davantage
quand je m'imagine embrasser
ces lèvres goût raisin-miel.

- *savourer la douceur de l'ivresse*

Chaque fois
que je croise ton regard,
je veux me noyer dans tes yeux
et y nager dedans pour l'éternité
parce que le sel de tes larmes
n'a jamais quitté ma peau
et j'y suis devenue accro.

-   *laisse-moi nager*

Il y a tellement de choses
que j'aimerais te dire,
tellement de choses
que je voudrais vivre avec toi :
sentir ta main dans la mienne chaque soir,
pourvoir sonner chez toi à n'importe
quelle heure du jour comme de la nuit
juste pour te rappeler à quel point je t'aime.
J'aimerais pouvoir tout te dire,
te raconter jusqu'à la plus petite faille,
puis voir naître le désir violent et inexplicable
des corps et des esprits.
J'aimerais t'aimer sans limite,
connaître chacune des constellations de ton dos
jusqu'à en devenir folle,
perdre pied,
tout perdre,
sauf toi.
Tempête en approche
et accalmie à redouter,
tu es le début de l'amour
que je peux espérer,
rêver.

On ne peut pas dire
que l'amour soit beau.
Avant d'être supportable,
il fait mal,
il détruit,
il brise des coeur
et fait perdre la notion du temps.
Amoureux,
notre raison s'envole
et ne reste que la folie de voir
le sujet aimé partout,
de courir après une ombre,
de croire mourir à cause
d'une absence.

-   *la prise de risque est grande*

Je n'ai jamais su différencier l'amour
de la simple affection passagère.

L'amour le plus pur
reste l'amour maternel,
avec ces bras tendres qui te serrent
quand tu as peur la nuit,
ces mains délicates
qui sèchent tes larmes.
Je me souviens que ma mère
n'avait peur de rien,
elle m'a laissé cet héritage :
celui d'affronter le monde
pour ne jamais avoir à le subir.

- *la plus jolie preuve d'amour*

J'ai en cette Terre trois mères.
La première est partie rejoindre les étoiles
pour un voyage sans durée déterminée à l'avance,
elle visite le ciel pour mieux me dire
quel chemin prendre.
La seconde est la mère de la première,
elle a pris soin de moi
depuis que je suis venue au monde,
elle m'aime, je crois, plus que je ne m'aime.
La troisième est une belle rencontre,
une reconnaissance inattendue entre deux âmes,
elle prend soin de moi,
veille sur moi de près ou de loin,
je sais bien que même en se perdant de vue,
j'aurais toujours une petite place à ses côtés.

- *sécurité et amour*

J'ai mangé italien,
j'ai ri de bon matin,
j'ai pleuré de joie jusqu'à ne voir plus rien,
et tout cela avec des personnes que j'aime.
Des petites choses sans importance
mais qui changent la vie.

J'aime tout un tas
de choses à tes côtés :
regarder des films dans le noir
avec la lumière de la lune
qui rentre par la fenêtre de ma chambre,
écouter de la musique
et chanter jusqu'à ne plus pouvoir respirer,
danser et tomber de fatigue,
me faire surprendre par la pluie
et même rater mes rendez-vous.

- *à tes côtés je n'ai peur de rien*

J'ai été triste longtemps
parce que je n'arrivais pas à voir
tout l'amour qu'il y avait autour de moi.

Aimer jusqu'à en mourir,
ou plutôt aimer,
prendre ce risque,
jusqu'à ne plus vouloir arrêter de vivre.

Des fois j'ai peur
de ne pas mériter plus
qu'un simple sms
ou qu'un simple coup de fil
de temps en temps.
Puis je me rappelle que l'amour
est plus fort que les habitudes
et que la routine.

A minuit,
on ne s'est pas oubliées
pour cette nouvelle année qui commence
et je veux que cela se répète à chaque fois,
je ne veux pas qu'on s'oublie,
je ne veux plus qu'on s'oublie.
J'y crois,
j'y crois encore à la vie
si tu es à mes côtés.
C'est juste ça l'amour je crois,
se donner de l'espoir.

Je ne suis peut-être pas ce qu'il te faut là tout de suite
mais moi je veux quand même tes bras.

C'est simple :
je veux vivre
puis mourir à tes côtés et entourée d'amour.

Un jour j'abandonnerai tout pour écrire,
je prendrai ta main
et nous partirons loin,
là où plus personne ne peut nous retenir.
Je ne sens même plus les lames du temps
qui entaillent ma peau
quand tu m'aimes.
Tout ça s'en va comme de la poussière,
j'ai peur de nos années.

L'amour ne vaut pas
que pour un couple.
Quand je pense à toi,
que je veux être près de toi,
que je veux partager tout ce que je suis,
que je veux découvrir le monde à tes côtés,
cela suffit pour dire que tu es aimé(e).

L'amour à l'état pur,
je l'ai déjà connu grâce à vous,
et je le côtoie maintenant
tous les jours grâce aux mots,
à ma poésie.
Tout l'espoir que je place en cet art,
me fait aimer la vie,
d'un amour sincère.

- *créer me donne envie d'aimer*

"Ce ne sont que des amis".

Non,
ce ne sont pas que des amis.
C'est elle, elle et puis lui.
Et puis lui aussi.
Et puis tous ceux grâce à qui je vis,
grâce à qui je survis.
C'est ma deuxième famille,
celle pour qui je ferais tout comme
pour celle avec qui je suis reliée par le sang.
C'est ceux qui ne m'ont jamais lâchée,
ceux qui ont toujours été là.
C'est un amour intense,
qui blesse quelquefois
mais qui est tout ce qui me reste de vrai
en ce monde.

Tu apprendras à tes dépens
que je ne suis pas de celles
qui se confrontent au regard des gens,
mais j'ai un peu moins de mal à le faire
quand je suis entourée,
quand la solitude cesse de m'accompagner,
que j'accepte d'être aimée
et quand j'accepte d'être aussi
considérée comme une amie,
comme celle à qui on se confie,
comme celle qui a aussi le droit de ne pas,
de ne plus avancer seule.

Moi et l'amitié,

c'est une longue histoire,

de celles qu'on a pas envie de raconter,

qu'on a pas envie d'étaler en public,

parce qu'il n'est pas bien vu d'être différent,

de ne pas faire confiance au même rythme que les autres,

de prendre plus de temps pour connaître les gens.

Bref, mon histoire avec l'amitié est paradoxale

et ce n'est pas pour autant qu'elle n'est pas belle,

car c'est celle qui m'a le plus aidée à grandir

et à comprendre un peu mieux le monde,

à comprendre un peu mieux comment je fonctionnais

car ceux avec qui on choisit de vivre deviennent le

miroir de nos anxiétés,

en tout cas, ils sont devenus le miroir des miennes

pour mieux les soigner,

pour mieux les faire taire.

Je m'attache aussi vite que je m'abstiens d'aimer,

il m'arrive d'aimer les mauvaises personnes,

de le regretter,

de m'en vouloir,

de sombrer à nouveau

et de revenir à la surface

grâce à tous ces êtres bienveillants,

que j'ai choisi peut-être tardivement

mais qui m'accompagneront encore pour faire taire les

médisants.

Ceux que j'aime
ont fait taire le reste du monde,
ont fait taire les démons
et ont fait fleurir le bonheur.

-    *merci*

amis-tempêtes

        amis-bonheur

              amis-malheur

        amis-trahison

amis-pleurs

        amis-rires

              amis-cours

        amis-famille

amis-femmes

        amis-hommes

              amis-vrais

        amis-faux

amis-complexes

        amis-orages

amis-accalmies

amis-bulle

amis-temps

amis-soeurs

amis-frères

amis-mères

amis-rêves

amis-déceptions

J'avais peur
puis j'ai été aimée,
les vagues d'amour
ont emporté
toutes les angoisses et toutes les souffrances.

- *météo amicale*

Je connais votre odeur,
je vous reconnais dans la rue,
je vous reconnais dans mon coeur,
je vous reconnais dans mes silences et dans les vôtres,
je vous reconnais dans vos rires et dans vos pleurs.
Je vous ai reconnus un jour
et depuis je vis à travers et avec vous.

- *amis*

Je suis avec vous
libre d'être qui je suis.
De nos défauts et de nos failles
notre amitié grandit.

J'ai pleuré,
de l'émotion de me sentir aimée
par ces gens qui me ressemblent
et qui sont pourtant si différents de moi.

- *mélange positif*

Je voudrais simplement
vous dire à quel point
j'ai de la chance
de vous avoir tous connus.

Corps et images

Je me brûlerai le corps
pour empêcher mon esprit de trop penser,
parce que des fois j'espère
que la douleur
peut faire taire cet espoir qui fait mal,
cet espoir qui me trompe,
cet espoir qui vit en moi
depuis tant d'années
mais qui me force à vivre dans le passé.

Mon corps en souffrance
n'est que le reflet de ce que tu m'as dit
et qui m'a fait mal.

- *reflet*

Dans mes courbes
se sont cachés
mes silences
et mes souffrances.

Se scarifier à coups de douleur,
encaisser jusqu'à sentir ses côtes se briser,
sentir son coeur arrêter de battre et ressentir
ce froid glacial dans mes mains et jusqu'à mon âme.
Attendre le rayon de soleil
qui pourrait réchauffer mon corps,
l'attendre encore et ne rien voir,
croire que mes yeux me font défaut,
que mon corps entier n'est plus opérationnel.
Souffler,
respirer,
inspirer,
sentir l'air gonfler mes poumons,
faire taire ces pensées,
toutes ces pensées envahissantes
qui m'empêchent de dormir,
de trouver le sommeil et les rêves.
Accepter ce corps que j'ai détesté,
que j'ai voulu mettre de côté
et qui me le fait enfin payer.
J'attendais cette douleur
car je ne la connais que trop bien.
Enfin elle est là et je peux être en paix.
Inspirer,
expirer,
le meilleur ne devrait plus trop tarder.

Mon corps est beau et j'en suis fière.

Si je mets un décolleté,
si je me maquille,
si je décide de mettre en valeur
mon corps avec une robe,
si je porte des talons hauts
c'est avant tout pour me plaire,
pas pour te plaire.
Si je décide de sortir sans maquillage,
de passer la journée en pyjama,
de porter un jogging trois fois trop grand pour moi,
si je ne me coiffe pas,
c'est avant tout parce que je me sens bien ainsi,
et que je n'en suis pas moins jolie.

Je n'ai pas besoin de tes commentaires.

Tous les corps sont beaux.

J'ai besoin de prononcer
ce qui m'a détruite il y a quelques années :

ANOREXIE MENTALE

J'ai vu mon corps changer,
maigrir,
on ne me voyait presque plus,
je n'avais plus de repères,
privée de tout,
les kilos descendaient encore,
je ne savais plus comment arrêter cela.
Je coulais,
je me noyais.

Je ne veux plus jamais mettre mon corps en souffrance.

"Tu es trop maigre"

"Tu es trop grosse"

"Ce que tu portes est vulgaire"

"C'est bon, tu peux t'habiller plus court, c'est ridicule"

Cela nous regarde.

Tu as le droit de prendre du poids
ou d'en perdre
parce que le deuil,
la dépression,
les angoisses,
le stress,
les TCAs
et tout un tas de blessures existent
et qu'il n'est pas toujours question
uniquement de volonté.

Ton corps, ton amour

Ton corps. Deux mots suffisants pour vivre et à la fois pour sombrer. Deux mots pour t'accepter ou te détruire selon les jours. Je sais ce que tu ressens. Je le partage et le comprends. Mais ces deux mots sont ce qu'il y a de plus précieux, de plus beau, c'est une chose qui t'appartient, que tu dois aimer, chérir parce que c'est ce qui te permet de vivre.

Je sais que ce n'est pas tous les jours facile. Je sais que tu le hais autant que tu te hais parfois. Mais il ne t'a rien fait, il ne t'a pas blessée, lui, contrairement à d'autres. Il subit autant que tu subis ton existence. Je sais que tu souffres et que le seul moyen que tu as trouvé de te soulager c'est de le faire souffrir. Parce que quand il souffre, les autres voient et prennent cette dure réalité qui t'habite de plein fouet. Je sais que tu as mal et que tu veux le crier mais comme tu n'arrives à rien tellement cette souffrance est rude tu l'intériorises et ton corps prend la parole.

Mais je t'en prie, ne te détruis pas. N'essaye pas de devenir autre, tu es très bien telle que tu es. Des moments durs tu en as et tu en auras encore. Dure désillusion qu'est ce texte mais non, la vie n'est pas parfaite, elle est loin de l'être. Et j'ai beau essayer de contrer ce malheureux destin, de tenir, de combattre les tempêtes une par une, cela n'a jamais suffi et je crois que cela ne suffira jamais. Mais rien n'est grave, plus rien ne l'est. Rien n'est à comprendre, tout est à accepter. Alors accepte et vis enfin avec ton corps, ce corps. Aime-le, ne détruis plus rien. La vie s'en chargera parfois alors résiste autant que tu le peux.

L'amour de soi est précieux, vital.

Mon corps a été ma prison pendant longtemps,
j'en conviens et je l'assume,
je ne cherche pas à le nier.
C'est ainsi,
je ne suis pas fière
de toutes les pensées que j'ai eu dans ma vie,
mais elles ont existé et je ne peux pas les changer.
Je suis simplement heureuse,
soulagée de prendre aujourd'hui soin de moi
et d'être encore là en bonne santé.

Cette angoisse n'a jamais quitté mon corps
quand je parle de toi,
de nos souvenirs
et de la peur immense de te voir partir de ma vie.

Quand je suis à côté de toi,
quand j'entends tes éclats de rire,
mon coeur bat un peu plus fort
dans ce corps que j'ai détesté
et je trouve ça beau de m'être relevée.

Mon corps sait toujours tout
avant ma tête.

Assise dans ce cabinet de psy,
consciente que j'allais commencer ma thérapie
et mettre des mots sur ces traumatismes,
mon coeur battait vite,
mes jambes tremblaient,
mes poings étaient serrés
et dans ma tête tout allait trop vite.
Pour la première fois j'allais parler de moi,
du mal qui me rongeait et que je ne comprenais pas.
J'allais pour la première fois
sortir de la prison de mes pensées
pour rejoindre la lumière de la parole.

-   *guérir, c'est verbaliser*

Les coups me font moins peur
que les mots.

Ils restent coincés comme des balles
à l'intérieur de moi.

Mes traumas ont laissé
tout un tas de cicatrices sur mon corps,
des cicatrices qu'on peut voir,
d'autres qui sont invisibles,
presque enfermées en moi.
Je suis brisée,
mais je m'applique à me réparer
tous les jours.
Mon coeur bat encore,
ça ira.

J'ai onze ans, je rentre au collège
et j'ai honte de ce que je suis.
Je voudrais ressembler
à toutes les petites filles de mon âge :

ne pas avoir mal chaque fois
qu'on pose un regard moqueur sur moi,
avoir des amis sans avoir peur
d'être mise à l'écart du jour au lendemain,
pouvoir dire non sans être exclue d'un groupe,
ne pas me poser mille questions à chaque seconde sur un
peu tout ce qui m'entourait,
m'intéresser davantage à mon apparence qu'à une
histoire d'amour enfermée dans du papier,
pouvoir rester avec des gens de mon âge sans m'ennuyer,
ne pas avoir hâte de rentrer chez moi
pour me cacher et pour pleurer,
savoir comment agir avec les autres.

J'ai onze ans et j'ai l'affreuse impression
que personne ne m'aime.
J'ai onze ans, l'innocence devrait encore m'habiter
mais la douleur prend déjà toute la place.
J'ai onze ans et à chaque fois que je pleure à cause de
mes soi-disant "meilleures amies"
je me dis que quand je serai grande,
tout cela ne sera que des mauvais souvenirs.

J'ai onze ans et j'ai déjà une mauvaise image de moi,
ça a mis du temps pour que je me rende compte
que je n'étais pas responsable de la méchanceté gratuite
émanant de ceux qui n'acceptent pas la différence.

Je n'ai pas encore toutes les réponses,
je ne suis pas sûre de vraiment les vouloir
car la petite fille que j'étais est aujourd'hui
bien entourée et aimée.

J'aimerais la prendre dans mes bras
pour lui dire que le soleil
n'est pas loin derrière les nuages,
que de belles personnes
vont un jour l'aimer à sa juste valeur,
qu'elle n'est ni bizarre,
ni illégitime,
qu'elle trouvera sa place dans les plumes et le papier,
qu'elle va vivre de dures épreuves mais qu'elle est assez
forte pour les affronter.

Je veux surtout lui dire que ces mots
et ces sourires mauvais resteront à jamais en elle
mais que cela la rendra tellement forte
qu'elle ne baissera plus jamais la tête face à eux.

J'aimerais te voir une dernière fois,
après je te laisse partir,
je te laisse t'envoler,
je te laisse à ce monde nouveau
que tu ne connais pas encore,
je veux juste graver l'image
de ce que tu es dans ma tête
et graver la douceur de tes caresses dans ma peau.

Tu n'as pas besoin de peser
tel ou tel poids pour t'autoriser
à porter telle ou telle robe.

Ce que je suis à mes yeux
n'est jamais ce que je suis
dans les yeux des autres.

En bien ou en mal,
ils ont toujours quelque chose
à rajouter.

Je crois que j'ai dans mon esprit
une fausse image de toi.
Parce que je ne te comprenais pas,
je ne comprenais ni tes changements d'humeur,
ni tes paroles dures,
ni tes rires,
ni aucun de tes regards.
J'ai créé une image de toi
pour mieux te comprendre
et pour ne pas me perdre.

Je ne m'arrête jamais
à la première idée que
je me fais des gens.
Je ne suis personne
pour juger quelqu'un
sans connaître ses rêves,
ses doutes,
ses peurs et ses joies.
Je ne peux pas connaître quelqu'un
sans échanger des paroles tard le soir.

J'ai besoin de refaire le monde avec toi,
pour te connaître et t'aimer.
Je ne veux pas m'arrêter à l'image.

Mon corps comme mon coeur
ressent toutes les vibrations du monde.
Mais il n'y a que chez toi
que j'arrive à me sentir chez moi.
Chez toi je n'ai pas peur,
l'angoisse qui me ronge à chaque instant
se tait et se met en retrait.
Je n'ai plus peur,
parce que tu sais,
même si je ne le montre pas souvent
je suis terrifiée par cette vie,
par ce qui peut arriver demain
ou au contraire par ce qui n'arrivera jamais.
Parce que tu sais je n'ose pas t'en parler
mais j'ai peur un jour de ne plus pouvoir me regarder.
Ni dans mon miroir, ni dans tes yeux.
J'ai peur un jour d'être incapable
de vivre avec moi-même,
d'être incapable de me supporter
pour ce que je suis et pour ce que je ne me suis pas
permise d'être.
Je me suis refusée beaucoup de choses pour me punir
d'un mystère, comme si ma vie était entourée
d'un secret jamais révélé.
Je me supporte mieux quand je suis à tes côtés.

- *je l'ai déjà dit des centaines de fois et je le répète
  encore*

Pendant des mois j'avais oublié
que je n'étais pas qu'un esprit mais aussi un corps.
L'oublier c'était déjà le maltraiter,
ne pas l'entretenir c'était comme refuser que la vie
l'effleure.

-   *il y a tellement de façon de se faire du mal*

Comment voulez-vous que je m'aime,
que je prenne soin de moi,
que je me sente libre et en sécurité
quand les femmes sont à leurs yeux
toujours inférieures et illégitimes ?

Comment voulez-vous
que je leur fasse encore confiance
alors que j'ai tant de fois confié mon coeur
et qu'on me l'a rendu brisé,
irréparable,
brûlé.

   -   *j'essaye encore de récupérer les cendres*

Ton parfum ne m'a jamais quittée,
je traverse ma vie avec ton odeur,
je me construis sur les débris
d'une douce présence.

- *absence, présence*

Ma maison est une personne

Je regardais le vide
et je me demandais ce que je faisais là.
Pourquoi je restais,
à quoi ça servait ?
Cela me faisait souffrir,
ça ne le devait pas mais c'était ainsi.
Alors pourquoi je restais là ?

-   *la question sans réponse*

C'est comme si l'image que j'avais de toi restait bloquée au fond de ma gorge.

J'étais avec elle
et tout allait bien.

J'étais comme une petite fille,
une enfant qui a peur de grandir.

La nature pour refuge

Ne me laisse pas seule,

s'il te plaît,

j'ai peur du bruit qu'il y a dans ma tête,

j'ai peur de ces pensées que je ne peux pas faire taire,

de ces soleils qui s'éteignent sans que j'ai pu profiter de
leur lumière,

des fleurs qui fanent sans avoir humé leur parfum,

du plancher de ma maison qui vieillit

sans l'avoir usé à force de danses,

des heures qui passent sans bonheur

et que je n'ai pas la force de retenir.

Et j'aimerais parfumer de ton odeur
chaque recoin du monde
pour que chaque élément de mon univers
te ressemble un peu.
Oui je veux me sentir chez moi partout,
je veux prendre la nature pour refuge,
ne jamais la quitter pour savourer
un peu mieux ma solitude
parce que je sais que j'ai besoin
de me (re)trouver,
de savoir qui je suis avant
de chercher à savoir qui tu es.

Mes cheveux au vent,
les rayons du soleil sur ma peau,
la chaleur de l'été,
l'odeur du sel et de la mer,
le goût des cocktails sucrés
et des soirées interminables
aux saveurs d'éternité
ponctuées de rires,
de larmes,
d'émotions
et de sourires.

- *vivre*

J'ai besoin de marcher seule
au sens propre comme au sens figuré.
J'ai besoin de faire mes propres choix
sans avoir l'impression de te blesser
ou de te décevoir.
J'ai besoin de faire
un bout du chemin seule sinon j'étouffe,
ne pars pas,
ce n'est pas ce que je souhaite,
je veux simplement davantage me connaître,
me comprendre pour ne pas te blesser,
pour ne pas te contraindre à aimer
une âme qui se déteste.
Laisse-moi traverser cette forêt à pied
pour que je savoure ces odeurs boisées,
pour que j'entende les feuilles craquer
sous l'impulsion de mes pas,
pour que je connaisse le repos de la solitude,
pour guérir.

- *on se retrouvera à l'orée du bois*

J'ai toujours des fleurs fraîches chez moi,
parce que leurs couleurs me rappellent
qu'il y a toujours de la vie quelque part,
même durant les jours gris,
quand elle n'est pas en moi.

J'aime avoir des fleurs chez moi
parce qu'elles m'aident à voir que le temps passe
et qu'un jour tout va peut-être s'arranger.

J'associe chaque fleur à un moment de ma vie,
à un repas entre amis,
à une fête qui finit tard dans la vie.

-   *regard floral*

Tu sais,
une balade avec toi
me fait l'effet de bras tendres
qui se resserrent autour de ma taille
et qui me protègent du monde.

J'aime offrir des fleurs,
c'est ce cadeau éphémère
qui fait naître des amours éternelles.

Roses rouges et passion,
mon cœur est rempli de pétales et d'épines.

Et j'ai hurlé à l'Univers
que je n'aurais jamais
voulu exister.

Il m'a répondu
d'attendre la fin de l'orage
et de trouver la paix.

Lecteur, lectrice,
merci d'avoir lu ce recueil.

C'est un pas de plus vers ma guérison,
pour sortir définitivement de l'ombre
et rayonner chaque jour un peu plus.

J'espère que ces quelques mots
auront également pu toucher ton coeur
et pourquoi pas guérir quelques blessures.

Tes cicatrices sont la preuve
que le combat a été rude
mais que tu t'en es sorti.

Merci.

@thepangsofasoul / Maya Peters